Connais-tu

Cléopâtre

?

Connais-tu

Cléopâtre

Textes : Johanne Ménard
Illustrations et bulles : Serge Paquette

ÉDITIONS
MICHEL
QUINTIN

Catalogage avant publication de Bibliothèque et Archives nationales du Québec et Bibliothèque et Archives Canada

Ménard, Johanne, 1955-

Cléopâtre

(Connais-tu? ; 2)
Pour enfants de 8 ans et plus.

ISBN 978-2-89435-445-2

1. Cléopâtre, reine d'Égypte, m. 30 av. J.-C. - Ouvrages pour la jeunesse. I. Paquette, Serge, 1957- . II. Titre.

DT92.7.M46 2009   j932'.021092   C2009-941468-6

Écrivain-conseil : Guy Marchamps
Révision linguistique : Paul Lafrance
Conception graphique (couverture) : Céline Forget
Infographie : Marie-Ève Boisvert

Le Conseil des Arts du Canada
The Canada Council for the Arts

Patrimoine canadien   Canadian Heritage

La publication de cet ouvrage a été réalisée grâce au soutien financier du Conseil des Arts du Canada et de la SODEC.

De plus, les Éditions Michel Quintin bénéficient de l'aide financière du gouvernement du Canada par l'entremise du Programme d'aide au développement de l'industrie de l'édition (PADIÉ) pour leurs activités d'édition.

Gouvernement du Québec – Programme de crédit d'impôt pour l'édition de livres – Gestion SODEC

ISBN 978-2-89435-445-2
Dépôt légal - Bibliothèque et Archives nationales du Québec, 2009
Bibliothèque et Archives Canada, 2009

Éditions Michel Quintin
C.P. 340, Waterloo (Québec)
Canada J0E 2N0
Tél.:   450 539-3774
Téléc.: 450 539-4905
www.editionsmichelquintin.ca

0 9 - G A - 1

Imprimé au Canada

Connais-tu Cléopâtre VII, la plus fascinante de toutes les reines de l'ancienne Égypte? Son charme et son intelligence lui ont permis de séduire des hommes puissants. Son destin tragique l'a aussi rendue célèbre.

Imagine la majestueuse Cléopâtre dans son palais, entourée de ses servantes, discutant avec ses conseillers des affaires du royaume...

Mais qui est donc cette jeune reine, courageuse et rusée, qui tient tant au pouvoir? Elle est l'héritière des Ptolémée, la dernière dynastie de pharaons,

dont les historiens ont malheureusement surtout
retenu l'incompétence et la décadence.

Sais-tu ce qu'est un pharaon ? Roi tout-puissant d'Égypte, il est considéré par son peuple comme un dieu vivant.

Le mot *pharaon* viendrait de « grande maison ». De son palais, le souverain règne sur ses sujets avec l'aide de ses vizirs, chefs militaires, scribes, prêtres...

Pendant plus de 3 500 ans, les pharaons se sont succédé en Égypte.

Plusieurs ont contribué à bâtir l'une des plus grandes civilisations de l'histoire, laissant des œuvres monumentales, comme les pyramides.

Cléopâtre grandit à Alexandrie, aux portes de l'Égypte sur laquelle règne sa famille d'origine grecque. Dans le quartier luxueux du palais,

entouré de jardins, la jeune fille reçoit une éducation soignée et apprend à parler plusieurs langues (le grec, l'égyptien, l'hébreu, l'arabe...).

À l'époque, la femme égyptienne possède beaucoup plus de droits que dans d'autres civilisations.

Elle est l'égale de l'homme dans bien des domaines et peut même choisir son mari ou en divorcer.

Vêtements souvent moulants et lourds bijoux contribuent à mettre le corps féminin en valeur.

Perruques, onguents parfumés, peau épilée et
maquillage montrent aussi l'importance accordée
à la séduction.

La littérature et le cinéma ont fait de Cléopâtre une beauté extraordinaire. En fait, les écrits de son époque n'élaborent pas sur ce sujet et les

représentations d'alors montrent plutôt un visage aux traits un peu grossiers et au nez assez long... pour en devenir une légende !

Cependant, le charme enjôleur et le grand pouvoir
de séduction qu'on lui prêtait à l'époque ont traversé

le temps pour en faire encore aujourd'hui un
personnage des plus captivants.

À la mort de son père, Cléopâtre, alors âgée de 17 ans, monte sur le trône avec son frère de 11 ans.

Les époux – eh oui, les monarques de même famille se mariaient souvent entre eux ! – en viennent vite à se disputer. Une véritable guerre éclate.

Jules César, grand militaire venu de Rome, veut
tenter de réconcilier les conjoints et les invite donc
à une rencontre. Cléopâtre, qui a peur de son frère,
se cache et se fait livrer comme un cadeau à César:

elle est enroulée dans un tapis! On raconte que le général, amusé par la ruse de la jeune souveraine, prend parti pour elle.

Cléopâtre emploie tout son charme afin de séduire
Jules César. Les richesses de l'Égypte sont
convoités par Rome, et César peut avoir une grande

influence sur la prospérité du pays. Cléopâtre a donc
tout intérêt à s'entendre avec lui.

La querelle avec le jeune frère-roi sera réglée quelques mois plus tard... par sa noyade! La jeune reine de 20 ans devient seul pharaon et l'alliée du général.

César oblige sa jeune maîtresse à épouser un autre de ses frères, question de convention.

Mais Cléopâtre reste le chef incontesté, cherchant à rétablir la gloire disparue de son pays.

À cette époque, l'Égypte connaît de graves
problèmes (corruption, famine, pauvreté) que

Cléopâtre peine à gérer. La reine serait-elle plus préoccupée par ses idées de grandeur?

Accordant beaucoup d'importance aux traditions des anciens pharaons, la reine affirme être la

réincarnation de la déesse Isis. Elle se vêt à son
image dans les grandes occasions.

De son côté, Jules César retourne à Rome, où il fait venir sa maîtresse. Cléopâtre y passera deux ans.

L'entourage de l'empereur la voit surtout comme une menace.

L'assassinat de Jules César sonne le retour de
Cléopâtre en Égypte, où elle élève Césarion,

le fils qu'elle a eu de César. Elle fait bientôt tuer son deuxième époux, à la fois rival et pion inutile.

41

Régnant désormais seule au nom de son fils, la reine doit s'entendre avec les successeurs de César.

Le consul Marc Antoine est celui à qui est confié
l'Orient (et donc l'Égypte) dans le partage de la
République romaine.

Marc Antoine convie Cléopâtre à une rencontre
pour discuter affaires. Toujours aussi théâtrale, cette
dernière arrive sur un bateau serti de dorures et aux

voiles pourpres. Elle trône au milieu d'un équipage
déguisé en personnages de légendes.

L'enjôleuse invite Marc Antoine à se joindre à elle
sur son somptueux navire pour un banquet.

Le Romain succombe aux charmes de l'Égyptienne, entamant avec elle une histoire d'amour légendaire.

Ce qui n'empêchera pas Marc Antoine de se marier
à Rome avec la sœur d'Octave, l'un des héritiers de

César. Une stratégie pour calmer la grogne d'Octave, jaloux de ses succès.

Cependant, Marc Antoine retourne bientôt à
Alexandrie auprès de Cléopâtre. Octave, toujours

envieux, détruit de plus en plus la réputation de son
beau-frère, en insinuant qu'il est un traître.

Vaincus par Octave lors de la bataille navale d'Actium, sur la côte grecque, Cléopâtre et Marc Antoine

se retirent à Alexandrie. Un an plus tard, l'ambitieux
Octave les retrouvent là pour les piéger.

Croyant à tort la nouvelle du suicide de Cléopâtre, Marc Antoine se donne la mort en se jetant sur son épée. La souveraine fait transporter le corps de

54

son amant dans son propre tombeau. C'est là que les envoyés d'Octave capturent la reine.

On raconte que Cléopâtre décide de se suicider à son tour plutôt que d'être exhibée comme un trophée de guerre.

Entourée de ses deux fidèles servantes, elle se fait porter un panier de figues où elle a demandé qu'on cache deux cobras, des serpents venimeux.

La liaison de Cléopâtre et Marc Antoine aura duré dix ans. Du couple sont nés trois enfants, qui seront élevés par la femme de Marc Antoine après la mort des célèbres amants.

Cléopâtre, dernier pharaon d'Égypte, est morte à 39 ans. Elle aura tenté tout au long de son règne de restaurer la grandeur de son royaume, usant de

son charme et de son intelligence pour s'allier aux puissants qui pouvaient servir son but.

Personnage flamboyant, Cléopâtre VII est devenue un véritable mythe. Son histoire a donné lieu à

d'innombrables films, pièces de théâtre et livres, des plus sérieux aux plus loufoques.